Heute mache ich mal
was für
Bauch, Beine, Po ...

Plätzchen!

Was mich am Schnee stört?
Seine Einstellung!
Immer so von oben herab.

So langsam glaube ich, dass mich wieder keiner abholt, zum

Überwintern

im Süden.

BALANCE IST,

wenn die Temperaturen sinken
und die Kalorien steigen.

„Hast du die
Schokolade gesehen?“

„KURZ!“

„TRUST ME,
YOU CAN SING."

Christmas

Meine Nachbarn hören sehr viel Weihnachtsmusik.

OB SIE WOLLEN ODER NICHT.

A Plätzchen a day keeps
the Weihnachtsstress away!

Meist ist es
nicht weit vom Plätzchen

VERZIEREN

zum Plätzchen

VERZEHREN...

Warum Trübsal blasen,
wenn man auch

Lametta

werfen kann.

I love Weihnachten
like no Otter!

Eigentlich wollte ich
die Welt retten,

aber es schneit.

Ich muss los, der

Schlitten

wird frei.

Höchste Zeit, die

„WIR SCHENKEN UNS NICHTS“-GESCHENKE

einzupacken.

Noch zwei Pakete
für den Nachbarn
ANNEHMEN,
dann hab ich alle Geschenke
ZUSAMMEN.

Wann beginnt eigentlich der

WINTERSCHLAF?

Ich mache da
dieses Jahr mal mit.

Alles, was ich heute
nicht vom Bett aus

IM SCHLAF

erledigen kann, muss
bis morgen warten.

Auf dem Boden
der Tatsachen
liegen eindeutig

zu wenig
Geschenke!

Dieses Jahr habe ich alle meine
Weihnachtsgeschenke rechtzeitig gekauft!
Jetzt fehlen nur noch
die für die anderen.

Das Schöne an Weihnachten
mit der Familie: Man ist nie allein.
Das Schlechte an Weihnachten
mit der Familie:

MAN IST NIE ALLEIN.

Alle verrückt hier.
Komm, Weihnachtsmann,

wir gehen!

Ich bin so satt,
ich mag kein Bla …

Oh, Plätzchen!

Heute kann man viele Sternschnuppen sehen! Ich seh trotzdem lieber nach den

Zimtsternen.

Weihnachtsgebäck
erreicht Stellen, da kommt
Motivation niemals hin.

Noch zweimal

joggen,

dann ist wieder
Weihnachten!

Mir reicht's!
Ich geh mein

Rentier

streicheln.

Da geht man leichtfertig auf
den Weihnachtsmarkt und geht

leicht fertig

wieder heim.

Gerade den ganzen Adventskalender auf einmal leer gegessen. Natürlich in korrekter Reihenfolge,

ich bin ja kein Monster.

Gegen Weihnachten geht
der Trend eindeutig weg
von der Wespentaille hin zur

HUMMELHÜFTE.

Weihnachtliches Huftier mit sieben Buchstaben?

LAMETTA!

Hochgeschwindigkeits-
Kriechtier mit 12 Buchstaben?

ZIMTSCHNECKE!

Die ist schneller weg,
als du gucken kannst ...

Ich hasse es, wenn ich ein
Weihnachtslied laut mitsinge
und der Interpret
den Text nicht kann.

Wer ist eigentlich dieser

Lars Krismas,

von dem ständig
alle singen?

Noch wäre genug Zeit,
um Weihnachtsgeschenke
zu besorgen. Aber ich liebe den
NERVENKITZEL!

Mein Geschenkpapier ist das

SCHÖNSTE.

Da können alle anderen

EINPACKEN.

Ich habe gekocht.
Es gibt Adventstee.

Habe den Adventstee 24
statt 4 Minuten ziehen lassen.
Heute

eskaliere ich

so richtig.

Realität ist was
für Menschen, die
Angst vorm
Weihnachtsmann haben.

Lieber Weihnachtsmann!
Bin das ganze Jahr brav gewesen.
Naja meistens. Also mindestens 30 %.

Okay, ich kauf's mir selbst.

Meine Vorweihnachtszeit
schwankt immer zwischen:
„Ich hab ja noch
MEEEGA VIEL ZEIT.“
und „Mist, Mist, Mist, Mist,
MIST!“

Ich bin nicht gestresst,
ich bin im Weihnachtsfieber!

Elefanten können Wasser bis auf fünf Kilometer Entfernung riechen.

So geht's mir mit Weihnachten.

Stör mich nicht,
ich warte auf Weihnachten!

Achtung, Kätzchen
im Plätzchenrausch!

Ich glaub, ich muss den Adventskalender umtauschen, da ist gar keine Schokolade drin.

Fo eine Fauerei!

Pinguine sehen unglaublich süß aus, haben kurze Beine und eine bis zu 3 cm dicke Fettschicht.

OMG! Ich bin ein Pinguin!

Nach dem Fest ist vor dem Fest:
Ich trainiere meine

PLÄTZCHEN-KAUMUSKELN

das ganze Jahr!

Bis Januar kann ich nicht
mehr bügeln. Alle Steckdosen sind mit
LICHTERKETTEN BELEGT.

Advent ist,
wenn der Dachboden

entrümpelt

und alles im Haus
verteilt wird.

Habe heute schon
meinen Weihnachtsbaum gesehen.
Steht in Nachbars Garten.

„Hast du die
Schokolade gesehen?"

„KURZ!"

„TRUST ME, YOU CAN SING.“

Christmas

Die 4 Arten,
einen Weihnachtsbaum
aufzustellen:

1. Schief

2. Bisschen schief

3. Wenn man den Kopf schräg hält, geht's eigentlich

4. Das muss so!

Besuchen Sie uns im Internet: www.groh.de

Bildnachweis Cover: tiny_selena/Shutterstock.com; Innenteil: Shutterstock.com.

Cover: Vanessa Urban
Layout und Satz: Petra Schmidt Grafik Design
Gesamtherstellung: Printfactory, Istanbul
ISBN 978-3-8485-0347-6

Kontaktadresse nach EU-Produktsicherheitsverordnung:
produktsicherheit@droemer-knaur.de

5 4 3 2 1

FSC
www.fsc.org
MIX
Papier | Fördert gute Waldnutzung
FSC® C130076